BEI GRIN MACHT SICH IHR WISSEN BEZAHLT

- Wir veröffentlichen Ihre Hausarbeit, Bachelor- und Masterarbeit

- Ihr eigenes eBook und Buch - weltweit in allen wichtigen Shops

- Verdienen Sie an jedem Verkauf

Jetzt bei www.GRIN.com hochladen und kostenlos publizieren

Bibliografische Information der Deutschen Nationalbibliothek:

Die Deutsche Bibliothek verzeichnet diese Publikation in der Deutschen National-bibliografie; detaillierte bibliografische Daten sind im Internet über http://dnb.d-nb.de/ abrufbar.

Impressum:

Copyright © 2017 GRIN Verlag
Druck und Bindung: Books on Demand GmbH, Norderstedt Germany
ISBN: 9783346082930

Dieses Buch bei GRIN:

https://www.grin.com/document/509790

Eloise Hammer

Kommunikation und Führung

Transaktionsanalyse, Leistungsprämie in Bezug auf Teamerfolg, Teamrollenkonzept nach Belbin

GRIN Verlag

GRIN - Your knowledge has value

Der GRIN Verlag publiziert seit 1998 wissenschaftliche Arbeiten von Studenten, Hochschullehrern und anderen Akademikern als eBook und gedrucktes Buch. Die Verlagswebsite www.grin.com ist die ideale Plattform zur Veröffentlichung von Hausarbeiten, Abschlussarbeiten, wissenschaftlichen Aufsätzen, Dissertationen und Fachbüchern.

Besuchen Sie uns im Internet:

http://www.grin.com/

http://www.facebook.com/grincom

http://www.twitter.com/grin_com

Einsendeaufgaben

Kommunikation und Führung

C1 Wie könnte eine Führungskraft mit Hilfe der Transaktionsanalyse Konflikte lösen oder ihnen vorbeugen?

C2 Diskutieren Sie, unter Verwendung ihres Fachwissens, inwiefern eine Leistungsprämie für Teamerfolge Sinn macht. Begründen Sie Ihre Argumentation wissenschaftlich. Identifizieren Sie dabei auch besondere Konflikte, die Teamprämien auslösen können.

C3 Erläutern Sie das Rollenkonzept von Belbin, gehen Sie hierbei auch auf Grenzen des Modelles ein. Worin liegt der Wert dieses Konzeptes für die Praxis?

Abgegeben am 05.07.2017 im Prüfungssekretariat

SRH Fernhochschule Riedlingen

SRH Fernhochschule Riedlingen

Modul: Kommunikation und Führung

Studiengang: Sportmanagement

von

Eloise Hammer

Studiengang: Sportmanagement

Inhaltsverzeichnis

Inhaltsverzeichnis 2

Abkürzungsverzeichnis 3

Abbildungsverzeichnis 4

Tabellenverzeichnis 4

C1 Transaktionsanalyse 5

C2 Leistungsprämie in Bezug auf Teamerfolg 10

C3 Teamrollenkonzept nach Belbin 14

Literaturverzeichnis 19

Internetquellenverzeichnis 20

Abkürzungsverzeichnis

Vgl.   Vergleich

Z.B.   zum Beispiel

Abbildungsverzeichnis

Abbildung 1: Vier Seiten der Nachricht .... S. 5

Abbildung 2: Teamrollentheorie nach Belbin .... S. 13

Tabellenverzeichnis

Tabelle 1: Teamrollen nach Belbin .... S. 14

Wie könnte eine Führungskraft mit Hilfe der Transaktionsanalyse Konflikte lösen oder ihnen vorbeugen?

C1 Transaktionsanalyse

Bei Besprechungen und Gesprächen geht es nicht nur um den sachlichen Austausch von Informationen, sondern auch um eine Vielzahl von Aspekten, die neben der Sachebene liegen. Diese Aspekte dienen nicht nur als reine Information, sondern können auch als Problemlösung dienen. Allerdings sind sie auch ein leichter Auslöser für Konflikte. Unter Kommunikation versteht man den Prozess, der Informationen von einem Sender zu einem Empfänger über ein Medium (einem Kanal) übermittelt.[1] Diese Nachricht muss dann vom Empfänger entschlüsselt werden. Schulz von Thun stellte fest, dass jede Nachricht und damit einhergehend auch jede Information, vier Seiten besitzt.[2]

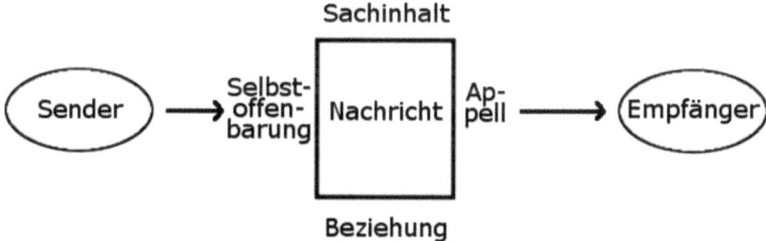

Abbildung 1: Vier Seiten der Nachricht
(Quelle: Nonverbale-Kommunikation 27.06.2017)

Die Kommunikationspartner agieren auf jeder der vier Seiten der Information und registrieren diese auch. Es wird also jeder einzelne Aspekt vom Empfänger der Nachricht interpretiert. Individuelle, psychologische „Störgrößen" können zu Missverständnissen und damit zu unverständlichen und unerwarteten Reaktionen führen.[3] Kommunikationspsychologie beschäftigt sich nicht nur mit den wissenschaftlichen Vorgängen zwischen Sender und Empfänger, sie liefert auch Hinweise für eine Verbesserung der zwischenmenschlichen Kommunikation. Ein

---

[1] Vgl. Faßler, M.: München 2003, S.50.
[2] Vgl. Schulz von Thun, F.: 2014, S.14.
[3] Vgl. Jochum/ Horender/ Bernitzke: 2010, S.29.

Instrument dafür ist die Transaktionsanalyse, die 1967 von Eric Berne, einem amerikanischen Arzt und Psychiater, veröffentlicht wurde.[4] Dabei handelt es sich um ein psychologisches Modell, welches dazu anregt, sich sowohl mit dem eigenen Verhalten, als auch mit dem des Kommunikationspartners auseinanderzusetzen.

Die Transaktionsanalyse geht davon aus, dass jeder Mensch in seiner Kindheit drei Persönlichkeitsinstanzen („Ich-Zustände") entwickelt hat, die in jedem von uns vorhanden sind. Trotzdem beeinflussen diese immer noch unser gegenwärtiges Handeln, Denken und Fühlen.[5]

Diese drei Ich-Zustände (Eltern-Ich, Kindheits-Ich, Erwachsenen-Ich) sind eine Einordnung gespeicherter Erinnerungen, in unterschiedliche Kategorien. Berne fand heraus, dass wir während der Kommunikation mit anderen, zwischen verschiedenen Gefühlslagen wechseln. Das wird durch Mimik, Gestik, Wortwahl oder anhand des Tonfalls, in dem gesprochen wird, sichtbar.[6]

Das Eltern-Ich beinhaltet alle Eindrücke, die uns durch unsere Eltern in den ersten Lebensjahren vermittelt wurden. In der Kommunikation wird dieser Zustand durch eine Zurechtweisung oder Bevormundung des Gesprächspartners, sowie dem Erteilen von Befehlen deutlich. Fürsorgliche, kritische und bemutternde Verhaltensweisen sind ebenfalls typisch für diesen Zustand.[7]

Das Kindheits-Ich beinhaltet den kindlichen Teil der menschlichen Psyche, wie Bedürfnisse, Gefühle, Spontanität, Spaß haben oder das trotzige Kind. Es reagiert vorwiegend emotional und kann in drei unterschiedlichen Arten auftreten: 1. Natürlich (ausgelassen, verspielt, spontan); 2. Angepasst (brav, unterwürfig) oder 3. Rebellisch (trotzig, patzig, wehleidig).[8]

Das Erwachsenen-Ich orientiert sich an der Realität. Der normale rational und berechnende Teil der Psyche wird durch das Erwachsene-Ich vertreten. Es ist

---

[4] Vgl. Schulz von Thun, F.: 2014, S.169.
[5] Vgl. Schulz von Thun, F.: 2014, S.170.
[6] Vgl. Bröckermann, R.: 2014, S.375.
[7] Vgl. Schulz von Thun, F.: 2014, S.170.
[8] Vgl. Schulz von Thun, F.: 2014, S.170.

unabhängig vom Alter. [9] In der Kommunikation behandeln wir unseren Gesprächspartner gleichwertig, respektvoll und rational.[10]

Im Umgang miteinander treffen unterschiedliche Kombinationen von Persönlichkeitszuständen aufeinander, die sehr unterschiedliche Kombinationen erzeugen. Grundsätzlich sind folgende Konstellationen möglich:

1. Parallele Transaktionen: Sie sind daran zu erkennen, dass der Gesprächspartner und sein Gegenüber jeweils aus dem Ich-Zustand reagieren.[11]
2. Gekreuzte Transaktionen: Bei dieser Art Transkation kommt es zu unstimmigen Botschaften und dadurch gewöhnlich zu einer Störung bzw. Unterbrechung der Kommunikation.[12]
3. Verdeckte Transaktionen: Sie spielen sich auf zwei Ebenen ab, einer gesprochenen und einer verborgenen. Da hierbei mehrere Ich-Zustände beteiligt sind, gelten sie als schwer durchschaubar. Sie enthalten unterschwellig Kritik oder versteckte Drohungen. Diese Art Transaktion kann man meist an der Körpersprache, Mimik, Gestik oder dem Tonfall erkennen.[13]

Durch die Kenntnisse der Transaktionsanalyse kann man verhindern, sich selbst unangemessen zu verhalten, weil man lernt den eigenen Ich-Zustand und den des Kommunikationspartners zu erkennen.

Eine Vielzahl von Konflikten entsteht, weil wir das Verhalten unserer Mitmenschen/ Kollegen/ Kunden zu wenig verstehen, zu vorschnell negativ bewerten und spontan, unangemessen in Sachen Kommunikation reagieren.[14]
Die Herausforderungen für die Führungskräfte, um Konflikte zu vermeiden oder sie zeitnah zu lösen sind, diese Ich-Zustände im Führungsalltag zu erkennen und immer wieder zu versuchen, im Erwachsenen-Ich zu bleiben bzw. dorthin zu kommen. Die wichtigste Stellschraube für den Erfolg bei einer Konfliktbewältigung ist daher die innere Haltung und Denkweise der Führungskraft.[15]

---

[9] Vgl. http://www.lern-psychologie.de (27.06.2017)
[10] Vgl. Bröckermann, R.: 2014, S.375f.
[11] Vgl. Bröckermann, R.: 2014, S.375.
[12] Vgl. Bröckermann, R.: 2014, S.376.
[13] Vgl. Bröckermann, R.: 2014, S.377.
[14] Vgl. http://www.birven.de (28.06.2017)
[15] Vgl. Gührs, M./ Nowak, C.: 2014, S.54 f.

Um ein Problem im Zuge der Transaktionsanalyse zu bewältigen, geht man zunächst davon aus, dass man sich selbst und sein Gegenüber in aller Unterschiedlichkeit akzeptiert. Dieser Zustand wird als „Ich bin Okay – du bist Okay"-Haltung beschrieben. Aus dieser Einstellungen heraus ist es das Ziel, Gespräche zu führen und sich auf den Gegenüber einzulassen, damit Lösungen und Veränderungen möglich werden.[16]

Für die Führungskraft ist es wichtig, sich an einige Regeln der Kommunikation zu halten, und speziell abgestimmte Kommunikationsinstrumente einzusetzen, damit auch schwierige Gespräche nicht eskalieren, sondern beide Parteien zufrieden aus diesem Gespräch herausgehen können.[17]

Ein erfolgreiches Kritikgespräch sollte laut Humle zunächst mit der Vorbereitung und der Identifizierung des Problems beginnen. Daraufhin sollte beim Mitarbeiter Verständnis und Einsicht für das jeweilige Problem geschaffen werden. Anschließend erfolgt die Problemlösung, indem die Führungskraft zusammen mit dem Mitarbeiter nach Möglichkeiten für die Lösung des Problems suchen und eine solche finden. Danach wird das Gespräch beendet.[18]

Zu einer erfolgreichen Gesprächssteuerung gehören außerdem auch kommunikationstechnische Grundlagen. Vor allem die Thematik der Fragetechnik und der daraus resultierenden Wirkung in Kritikgesprächen zeigen sich wirkungsvoll.[19] Ein ganz wesentlicher Ansatzpunkt zur Verbesserung der Kommunikation besteht darin, die vier Seiten der Information bei der Kommunikation dauernd im Auge zu behalten. Die Verwendung von Ich-Botschaften, an Stelle von Du-Vorwürfen oder Man-Aussagen, ist ebenso wichtig.[20]

Aber auch die Fähigkeit, die richtigen Fragen zum richtigen Zeitpunkt zu stellen, trägt zu einer erfolgreichen Problemlösung bei. Dadurch eröffnet der Vorgesetzte den gleichwertigen Dialog und den kooperativen Problemlösungsprozess. Gleichzeitig kann der Vorgesetzte durch offene Fragen leicht feststellen, ob das kritische Feedback den Mitarbeiter erreicht hat und was er wie verstanden hat.[21]

---

[16] Vgl. Gührs, M./ Nowak, C.: 2014, S.54 f.
[17] Vgl. Schulz von Thun, F.: 2014, S.170.
[18] Vgl. Humle, S.: 1998, S.25.
[19] Vgl. Schulz von Thun, F.: 2014, S.57.
[20] Vgl. Pawlowski, K./ Riebensahm, H.: 1998: S.331f.
[21] Vgl. Maess, K./ Maess, T.: 1999, S. 395.

Abschließend lässt sich zusammenfassen, dass eine Führungskraft verschiedene Kompetenzen besitzen muss, um erfolgreich mit der Lösung eines Konflikts umzugehen. Wichtig sind ein gewisses Konflikt-Einfühlungsvermögen und die Fähigkeit, sich in seinen Gesprächspartner hineinzuversetzen. Die Führungskraft muss den Mut besitzen kritische Themen anzusprechen, dabei offene Aussagen über das Problem zu machen und das Verhalten des Gegenübers konstruktiv zu kritisieren. All seine Informationen beruhen ausschließlich auf Fakten und Tatsachen und werden nicht durch bloße Vermutungen erstellt.

Diskutieren Sie, unter Verwendung ihres Fachwissens, inwiefern eine Leistungs-prämie für Teamerfolge Sinn macht. Begründen Sie Ihre Argumentation wissen-schaftlich. Identifizieren Sie dabei auch besondere Konflikte, die Teamprämien auslösen können.

C2 Leistungsprämie in Bezug auf Teamerfolg

Provisionen und Prämien sind zusätzliche, leistungsbezogene Vergütungen, die eine Grundvergütung ergänzen. Die Höhe der Prämie errechnet sich auf Grund-lage einer Leistungsbewertung anhand von Leistungsziffern.[22] Durch die Auszah-lung von Prämien möchte man Mitarbeiter dazu motivieren, ihre Leistung zu stei-gern. Das Unternehmen arbeitet auf bestimmte Arbeitsergebnisse hin, die dem Betrieb wirtschaftlich zu Gute kommen.[23]

Es sind sowohl Einzel- als auch Gruppenprämien möglich: Einzelprämien erfas-sen und entlohnen die Arbeitsleistung einzelner Beschäftigter; mit Gruppenprä-mien wird die Arbeitsleistung einer Gruppe entlohnt. Die Ermittlung und Höhe der Prämien sollte transparent und für alle nachvollziehbar sein.[24]

In der Arbeitswelt steigt die Vergabe von Gruppenprämien, da die Arbeitssys-teme immer größer und dadurch unüberschaubarer werden. Demzufolge hängen auch die Arbeitsplätze immer mehr voneinander ab.

In diesem Zusammenhang muss man sich die grundlegende Frage stellen, ob alle Mitarbeiter des Systems eine Prämie in identischer Höhe erhalten, oder ob individuelle Differenzierungen vorgenommen werden? Im zweiten Fall muss ge-prüft werden, nach welchen Merkmalen die Gruppenprämie abzugrenzen ist und welche Werkzeuge für die Beurteilung der Leistung zum Einsatz kommen sol-len.[25]

Leistungen von Gruppen sind sehr abweichend, da sowohl die Aufgabenstellung, als auch die Ergebnisse nicht immer messbar sind. Fundamentale Differenzie-rungen sind notwendig, damit die Leistung des Individuums (die individuelle Kom-ponente als Teil der Gruppenleistung) identifiziert werden kann, um sie dann der

---

[22] Vgl. Bröckermann, R.: 2014, S.289.
[23] Vgl. Berthel, J./ Becker, F.G.: 2010, S.437ff.
[24] Vgl. Keller, K./ Kurth, G.: 1991, S.21f.
[25] Vgl. Grosse, D.: 2009, S. 112

Gruppenkomponente gegenüberstellen zu können. Damit eine Differenzierung der Leistung vorgenommen werden kann ist eine Unterscheidung und eine Messung notwendig, die die Leistung der selben Individuen widergibt, wenn sie unabhängig voneinander gearbeitet hätten. Rechnet man alle Einzelleistungen zusammen, dann ergibt sich die mögliche Gruppenleistung, auch Gruppenpotenzial genannt. Das Gruppenpotenzial wird mit der tatsächlichen Gruppenleistung verglichen.[26]

Die Messung und Bewertung von Teamleistungen ist hinsichtlich einer leistungsbezogenen Bezahlung sehr aufwendig und problematisch. Wenn die Gruppenarbeit aus einer Summe von gut unterscheidbaren Einzelleistungen besteht, könnte das individuelle Entlohnungssystem auf die Gruppenleistung übertragen werden. Da sich die Teamarbeit allerdings aus einem Zusammenspiel von bestimmten Einzelleistungen ergibt, die häufig in Wechselbeziehung zueinanderstehen, ist es schwer, die Einzelleistung zu identifizieren. Wegge weist darauf hin, dass die Leistungsmessung und -beurteilung in der Teamarbeit deshalb so schwierig ist, weil der Leistungserbringungsprozess im Team recht komplex und das Verhältnis von Individualleistungen und Teamergebnissen sehr variabel ist.[27]

Sind folgende Voraussetzungen innerhalb eines Teams gegeben, werden Teambeurteilungen als sinnvoll angesehen:

- Der Teamerfolg beruht auf der gemeinsamen Leistung des Teams
- Die Teammitglieder haben hohe Leistungsnormen entwickelt; Konfliktregelungen bei Abweichungen erfolgen durch das Team
- Das Leistungsvermögen der Mitglieder ist recht homogen
- Die Teammitglieder haben ein starkes Gruppenbewusstsein, dem sich auch die Leistungsstarken und Spezialisten unterordnen
- Die Gruppe ist überschaubar groß, so dass jeder den Beitrag der anderen Teammitglieder einschätzen kann[28]

In der Praxis kommt es immer häufiger zu Kritik an Teambeurteilungsverfahren. Grund dafür ist, dass in jedem Team leistungsstärkere und leistungs-

---

[26] Vgl. Jonas et al.: 2014, S.472.
[27] Vgl. Wegge, J.: 2004, S.69.
[28] Vgl. Schneider, H./ Knebel, H.: 1995, S.16ff.

schwächere Personen arbeiten, was zu Spannungen bis hin zu Ausgrenzungen führen kann. Es besteht die Gefahr, dass Teammitglieder, die leistungsschwächer sind, aus dem Team herausgedrängt werden.[29]

Wenn Vergütungs- oder Belohnungssysteme auf die Teamleistung bzw. das Gruppenergebnis bezogen werden, ohne dass dabei die Individualleistungen berücksichtigt werden, entsteht ein erhebliches Konfliktpotenzial. Es kann schon zu Auseinandersetzungen kommen, wenn z.b. der tatsächliche Anteil von Gruppenmitgliedern am Teamergebnis ermittelt werden soll. Bereits bei der Zusammenstellung der Gruppe sollte also darauf Wert gelegt werden, dass zwischen den einzelnen Gruppenmitgliedern keine erheblichen Leistungsgefälle vorhanden sind.

Der Teamerfolg hängt von einer Vielzahl von Faktoren ab. Von der Aufgabe, die das Team zu lösen hat, von den Zielen des Teams, ebenso wie von den Umweltbedingungen oder der Zeit die zur Verfügung steht, sowie den Ressourcen, die genutzt werden können. Erheblichen Einfluss auf den Erfolg hat aber auch die Zusammensetzung des Teams. Der Grad der Gruppendiversität ist für Teams von so entscheidender Bedeutung, da die Diversität einen Einfluss auf die Teamleistung hat, ebenso wie auf die Gruppenidentität und die Kommunikation innerhalb der Teams.

Für die Motivation der Teammitglieder sind Anreizsysteme bedeutsam. Soweit die Entlohnung leistungsbezogene Anreize enthält, korrespondiert sie mit den materiellen Anreizen, die das Unternehmen zur Steigerung der Motivation einsetzt.[30] Eine genaue Führung der Mitarbeiter kann mit Leistungsanreizen erreicht werden, jedoch kann deren Verwendung auch eine umgekehrte Reaktion erzielen.

Um eine erfolgreiche Motivation der Mitarbeiter zu erreichen, sollten Anreizsysteme transparent gestaltet, klar verständlich, individuell sowie flexibel anpassbar und gerecht gestaltet sein. Wenn diese allgemeinen Anforderun-

---

[29] Vgl. Ueberschaer, N.: 2000, S. 69.
[30] Vgl. Bernitzke, F./ Ebert-Steinhübel, A.: 2013, S.66.

gen jedoch nicht berücksichtigt werden, kann es zu Streitigkeiten und Unklarheiten unter den Angestellten kommen. Dadurch können möglicherweise Demotivation und Frustration entstehen.

Ein weiteres Problem kann auftreten, wenn ein finanzieller Anreiz nach einer gewissen Zeit keinen motivierenden Effekt mehr hat, weil der Angestellt sich an das Zusatzentgelt gewöhnt hat und dieses als selbstverständlich ansieht. Ebenso lassen sich nicht alle Mitarbeiter durch Geld oder materielle Reize für den Rest ihrer Arbeitszeit motivieren.

Teamprämien und teambezogene Leistungsanreize wären eine vernünftige Alternative zu monetären Anreizsystemen. Individuelle Anreize fördern ausschließlich die Vereinzelung und zerstören den Teamgeist innerhalb eines Betriebs. Bei Teamprämien hingegen wird jedes Gruppenmitglied eine hohe Arbeitsleistung, als gemeinschaftliches Interesse, verfolgen. Der aufwendige Verwaltungs-/ und Bemessungsaufwand der Einzelleistungen der Gruppenmitglieder entfällt ebenfalls.

Erläutern Sie das Rollenkonzept von Belbin, gehen Sie hierbei auch auf Grenzen des Modelles ein. Worin liegt der Wert dieses Konzeptes für die Praxis?

C3 Teamrollenkonzept nach Belbin

Während der Teamentwicklung grenzen sich Rollen voneinander ab, die einem Teammitglied innerhalb einer Arbeitsgruppe zugeordnet werden.[31] Eine Teamrolle zeichnet sich durch eine Kombination von Verhaltensweisen aus, mit denen die Mitglieder ihren Aufgaben und Kollegen begegnen. Einerseits werden ihnen diese Rollen im Hinblick auf die Aufbau- und Ablauforganisation zugeteilt, andererseits entwickeln sie sich je nach Aufgabe, Situation, Kenntnissen, Fertigkeiten und Verhaltensweisen der Gruppenmitglieder.[32]

Der Erfolg ist vor allem von der Konstellation der Teamrollen innerhalb dieser Gruppe abhängig. Sie wird unterteilt in Rahmenbedingungen (Ressourcen, über die das Team verfügen kann), Führung (Teamleiter mit persönlichen, sozialen und fachlichen Kompetenzen) und Teamzusammensetzung (Kompetenzen der Teammitglieder und deren Rollenverteilung im Team). Die Gruppenmitglieder müssen also unterschiedliche Rollen einnehmen, um dieses Ziel zu erreichen.[33]

Der Erfolg im Team ist nicht auf das spezifische Wissen einzelner Teammitglieder zurückzuführen, wenn komplexe Aufgaben bearbeitet werden. Wichtiger ist, dass das gesamte Wissen und die Fähigkeiten aller Mitglieder innerhalb des Teams optimal genutzt werden.[34]

Der Engländer Meredith Belbin hat ein bekanntes Konzept zu Teamrollen entwickelt. Er hat die Auswirkungen der Teamzusammensetzung anhand unterschiedlicher Persönlichkeitsmerkmale in Bezug auf den Teamerfolg untersucht. Die individuellen Merkmale wurden zusammengefasst und kategorisiert.

Je nach Verhalten unterschied er neun unterschiedliche Rollen, die er in drei Hauptkategorien zusammenfasste.

---

[31] Vgl. Schulz von Thun, F.: 2014, S.63.
[32] Vgl. Bisani, F.: 1995, S.710.
[33] Vgl. Bröckermann, R.: 2014, S.339.
[34] Vgl. Bernitzke, F./ Ebert-Steinhübel, A.: 2013, S.37.

Handlungsorientierte Rollen: *Implementer:* Umsetzer, *Shaper:* Macher, *Completer, finisher:* Vervollständiger, Perfektionist.

Kommunikationsorientierte Rollen: *Coordinator:* Koordinator/Integrator, Ressource *Investigator:* Wegbereiter/Weichensteller, *Teamworker:* Teamarbeiter, Mitspieler

Wissensorientierte Rollen: *Plant:* Neuerer, Erfinder, *Monitor Evaluator:* Beobachter, *Specialist:* Spezialist.[35]

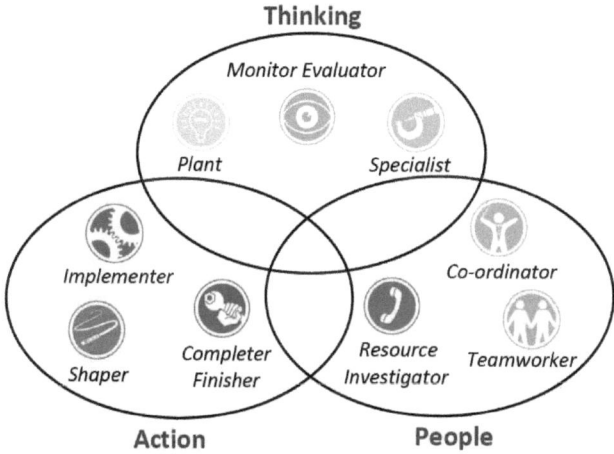

Abbildung 2: Teamrollentheorie nach Belbin

(Quelle: http://leadershipsolutions.co.nz/belbin_benefits.cfm)

Mit seinen unterschiedlichen Merkmalen, Stärken und Schwächen leistet jede Teamrolle seinen bestimmten Beitrag zum Teamerfolg. Die folgende Tabelle zeigt die jeweiligen Teamrollen mit ihrem zentralen Beitrag im Team, ihren unterschiedlichen Merkmalen sowie ihren möglichen Schwachpunkten.

---

[35] Vgl. Belbin, R.M.: 2010, S. 21.

Teamrolle	Zentraler Beitrag im Team	Merkmale	Mögliche Schwächen
Erfinder (Plant)	Bringt neue Ideen ein, Sucht nach Lösungen, auch für schwierige Probleme	Unorthodoxes Denken, fördert, Kreativität, phantasievoll, gute Problemlösungsfähigkeiten	Gedankenverloren, bewegt sich in einer eigenen Ideenwelt, ignoriert Details, bspw. Kosten, schwach im Kommunizieren
Wegbereiter (Resource Investigator)	Entwickelt nützliche Kontakte innerhalb und außerhalb des Teams, findet Lösungswege	Kommunikativ, extrovertiert, begeisterungsfähig	Zu optimistisch, verliert Interesse nach dem Abklingen der euphorischen Anfangsphase
Koordinator (Coordinator)	Fördert Entscheidungsprozesse, findet Talente	Selbstsicher, vertrauensvoll, klärt Ziele, Organisation der Teamarbeit	Manipulativ, wenig Ideenreichtum, delegiert auch persönliche Arbeit an andere
Macher (Shaper)	Mut, überwindet Hindernisse	Dynamisch, arbeitet gut unter Druck	Ungeduldig, provokativ, verletzt Gefühle anderer
Beobachter (Monitor Evaluator)	Untersucht nach der Machbarkeit von Vorschlägen und Ideen	Nüchtern, kritisch, strategisch, urteilt genau	Mangelnde Fähigkeit andere zu inspirieren und zu motivieren, kann überkritisch sein
Teamarbeiter (Teamworker)	Verbessert Kommunikation und Beziehungen im Team	Kooperativ, diplomatisch, beruhigt Konflikte, guter Zuhörer, einfühlsam	Unentschlossen in kritischen und konflikthaften Situationen, leicht beeinflussbar
Umsetzer (Implementer)	Setzt Pläne in die Tat um	Diszipliniert, verlässlich, effektiv, konservativ	Unflexibel, langsame Reaktion auf neue Situationen und Veränderungen
Perfektionist (Completer)	Sucht nach Fehlern, stellt optimale Ergebnisse sicher	Gewissenhaft, pünktlich, sorgfältig, findet Fehler	Überängstlich, delegiert ungern, bremst aus
Spezialist (Specialist)	Liefert spezielles Fachwissen, Fähigkeiten und relevantes Wissen und Informationen	Selbstbezogen, engagiert	Verliert sich in Details, kann nur zu speziellen Aspekten einen Beitrag leisten

Tabelle 1: Teamrollen nach Belbin

(Quelle: Kriz und Nöbauer (2008), S. 58 und Aritzeta et al. (2007))

Aus den Recherchen von Belbin geht hervor, dass Teams am erfolgreichsten sind, wenn alle Rollen vorhanden und umgesetzt sind. Er geht davon aus, dass kleinere Teams von bis zu sechs Personen flexibler, ausgewogener und effektiver arbeiten. Um als Team erfolgreich agieren zu können, ist eine entsprechende Kombination unterschiedlicher Teamrollen notwendig. Allerdings sind einige Teamrollen für den Erfolg des Teams wichtiger, als andere. Von besonderer Bedeutung für die Leistung des Teams ist die Rolle des Ideengebers, weniger wichtig ist zum Beispiel der Beobachter.[36]

Die optimale Balance des Teams ist abhängig von der Balance zwischen den funktionalen Rollen und den Teamrollen. Bestenfalls hält sich die Führungskraft zurück und greift nur ein, wenn eine Situation entsteht, die dies erfordert.[37]

Die Leistung im Team kann allerdings auch negativ beeinflusst werden. Wenn mehrere Denker oder überdurchschnittlich intelligente Personen im Team sind, kann es auf Grund von Konkurrenzdenken auch zu Konflikten kommen. Destruktive, nutzlose Diskussionen führen zu Durchsetzungsversuchen und demnach zu Blockaden innerhalb der Arbeitsabläufe. Benannt wurde dieses Verhalten in den Studien als „Apollo-Syndrom".[38]

Trotz der einleuchtenden Erläuterung durch Belbins Theorie, sollte man sich auch mit den Kritikpunkten des Modells auseinandersetzen, um dessen Grenzen zu erfahren. Werden solche Modelle einfach in die Praxis der Gruppenarbeit übertragen, ohne sich kritisch damit auseinander zu setzen, kann sich die Leistung des Teams verringern.

Im Arbeitsalltag ist es eher unwahrscheinlich, dass ein Team mit exakt diesen neun Persönlichkeiten aus Belbins Konzept ausgestattet ist. Die Teams werden vielmehr nach Hierarchie, fachlicher Kompetenz oder Verfügbarkeit zusammengestellt. Oft lassen sich Teammitglieder auch keiner dieser Rollen zuordnen, während andere für mehrere Rollen geeignet sind. In Belbins Fallbeschreibung gibt es außerdem auch Teams, die hohe Leistungen erbracht haben, obwohl sie nicht der optimalen Rollenbesetzung entsprachen.[39]

---

[36] Vgl. Bernitzke, F./ Ebert-Steinhübel, A.: 2013, S.38.
[37] Vgl. Belbin, R.M.: 2010, S. 117ff.
[38] Vgl. Belbin, R.M.: 2010, S.9f.
[39] Vgl. Arenberg, P.: 2016, S.44.

Auch die Missachtung der Harmonie unter den Teammitgliedern oder ein mögliches Konkurrenzstreben ist ein weiterer Kritikpunkt, der die Arbeitsleistung erheblich hemmen würde. Ebenso werden die Bedeutung der Teamprozesse (Kommunikation, Informationsaustausch, Vorgehensweisen, Abstimmung, Führung, Schnittstellenmanagement) unberücksichtigt gelassen.[40]

Der Wert des Modells für die Praxis liegt darin, dass Belbin versucht mit seinem Ansatz Teambildung und Teammanagement zu erklären, zu erleichtern und somit zum Verständnis effektiver Teamarbeit beiträgt. Die Mitglieder können effektiver arbeiten, wenn sie sich ihren Stärken bewusst sind und sich demnach in der Gruppe anpassen können.

Um die Stärken eines Teams gezielt auszunutzen, das nach Rollen ausgewählt wurde, müssen die Rollen der einzelnen Mitarbeiter bekannt sein. Dies erfordert Vertrauen untereinander und die Bereitschaft zu einer Teamanalyse. Eine Selbsteinschätzung und Aufarbeitung des Fragebogens zur Analyse des Teams, sowie ein anschließendes Feedback durch unabhängige Beobachter helfen dabei, das Teamrollenprofil der Teilnehmer zu bestimmen. Dadurch erfährt das Teammitglied mehr über seine eigenen Schwächen und kann sich somit bestmöglich in der Gruppe positionieren.[41]

Durch die Analyse können Stärken optimal genutzt werden und typische Muster im Teamverhalten erkannt- und gezielt beeinflusst werden. [42] Defizite werden somit gezielt ausgeglichen.

Abschließend lässt sich zusammenfassen, dass durch die Rollenzuteilung die Motivation der Teammitglieder gesteigert werden kann, weil sie dazu motiviert werden, die Tätigkeit auszuführen, die sie am besten ausführen können. Auf die Teamleistung wirkt sich diese optimal angepasste Aufgabenteilung positiv aus und erhöht im Normalfall den Teamerfolg.

---

[40] Vgl. Arenberg, P.: 2016, S. 44.
[41] Vgl. Katzenbach, J.R./ Smith, D.K.: 2015
[42] Vgl. http://www.themanagement.de (28.06.2017)

Literaturverzeichnis

Arenberg, P.: Teamentwicklung. Studienbrief der SRH Fernhochschule Riedlingen. Riedlingen 2016

Belbin, R.M.: Team Roles at Work. Routledge. London 2010

Bernitzke, F./ Ebert-Steinhübel, A.: Teamentwicklung. Studienbrief der SRH Fernhochschule Riedlingen. Riedlingen 2013

Berthel, J./ Becker, F.G.: Personal Management: Grundzüge für Konzeptionen betrieblicher Personalarbeit. Schäffer-Poeschel Verlag. Stuttgart 2010

Bisani, F.: Personalwesen und Personalführung: Der State of the Art der betrieblichen Personalarbeit. Gabler Verlag. Wiesbaden 1995

Bröckermann, R.: Prüfungstraining Personalwirtschaft. Schäffer Poeschel Verlag. Stuttgart 2014

Faßler, M.: Was ist Kommunikation? UTB Verlag. Stuttgart 2003

Gührs, M./ Nowak, C.: Das konstruktive Gespräch: Ein Leitfaden für Beratung, Unterricht und Mitarbeiterführung mit Konzepten der Transaktionsanalyse. Limmer Verlag. Meezen 2014

Grosse, D.: Innovations- und Projektmanagement: Ein Lehrbuch. Internationaler Verlag der Wissenschaften. Frankfurt 2009

Humle, S.: Schwierige Mitarbeitergespräche erfolgreich führen. Bundesanzeiger Verlag. Köln 1998

Jochum/ Horender/ Bernitzke: Gesprächsführung und Kommunikation. Studienbrief der SRH Fernhochschule Riedlingen. Riedlingen 2010

Jonas, K./ Stroebe, W./ Hewstone, M.: Sozialpsychologie. Springer Verlag. Berlin 2014.

Katzenbach, J.R./ Smith, D.K.: The Wisdom of Teams: Creating the High-Performance Organization. Harvard Business Review Press. Watertown 2015

Keller, K./ Kurth, G.: Grundlagen der Entlohnung. Heider Verlag. Bergisch Gladbach 1991.

Maess, K./ Maess, T.: Personaljahrbuch. Hermann Luchterhand Verlag. München 1999

Pawlowski, K./ Riebensahm, H.: Konstruktiv Gespräche führen. Rowohlt Verlag. Reinbeck 1998

Schneider, H./ Knebel, H.: Team und Teambeurteilung. Wirtschaftsverlag Bachem. Köln 1995

Schulz von Thun, F.: Miteinander reden: Band 1-4, Rowohlt Taschenbuch Verlag. Berlin 2014

Ueberschaer, N.: Mit Teamarbeit zum Erfolg: so steigern Sie die Effizienz im Unternehmen. Fachbuchverlag Leipzig. Leipzig 2000

Wegge, J.: Führung von Arbeitsgruppen. Hogrefe Verlag, 1. Auflage. Göttingen 2004.

Internetquellenverzeichnis

Birven, S.: abgerufen am 28.06.2017 von
http://www.birven.de/205

O.V.: abgerufen am 27.06.2017 von
http://www.lern-psychologie.de/kommunikation/konfliktloesung.htm

Recklies, D.: abgerufen am 28.06.2017 von
www.themanagement.de/pdf/Teamrollen.PDF

BEI GRIN MACHT SICH IHR WISSEN BEZAHLT

- Wir veröffentlichen Ihre Hausarbeit,
  Bachelor- und Masterarbeit

- Ihr eigenes eBook und Buch -
  weltweit in allen wichtigen Shops

- Verdienen Sie an jedem Verkauf

Jetzt bei www.GRIN.com hochladen und kostenlos publizieren